VENTE DU MARDI 18 AVRIL 1893

EN PARTIE

Par suite du décès de Mme C. de V...

ET VOLONTAIREMENT

HOTEL DROUOT, SALLE N° 11, A 2 H. 1/4

TRÈS BEL

AMEUBLEMENT DE SALON

EN

TAPISSERIE ÉPOQUE LOUIS XV

A sujets inspirés de Boucher

IMPORTANT MOBILIER PREMIER EMPIRE

OBJETS D'ART, TABLEAUX

SCULPTURES

TAPISSERIES, BIJOUX ANCIENS, ARGENTERIE

BEAUX BRONZES D'AMEUBLEMENT

Me E. THOUROUDE **M. A. BLOCHE**

COMMISSAIRE-PRISEUR EXPERT PRÈS LA COUR D'APPEL

32, rue Le Peletier, 32 25, rue de Châteaudun, 25

EXPOSITIONS PUBLIQUES

Le Dimanche 16 Avril 1893 Le Lundi 17 Avril 1893

de 2 h. à 5 h. 1/2. *de 1 h. à 5 h. 1/2.*

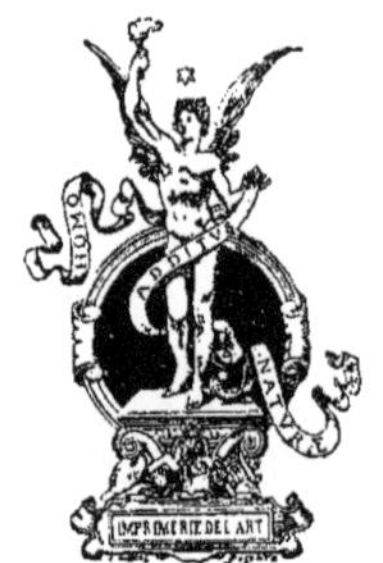

CATALOGUE

D'UN TRÈS BEL

AMEUBLEMENT DE SALON

EN

TAPISSERIE ÉPOQUE LOUIS XV

Scènes champêtres inspirées de Boucher

IMPORTANT MOBILIER DU PREMIER EMPIRE

GRAND SALON, TROIS CHAMBRES A COUCHER

Tapisserie du XVIᵉ siècle

TABLEAUX DE L'ÉCOLE FRANÇAISE

ANCIENNES PORCELAINES DE SÈVRES, DE SAXE, DE CHINE ET DU JAPON

Éventails, Boites, Bijoux anciens, Argenterie

BEAUX BRONZES D'AMEUBLEMENT

SCULPTURES, MARBRES, GRAND CHRIST EN IVOIRE

Fontaine en vieux Marseille

EN PARTIE

PROVENANT DU CHATEAU DE R...

Et dont la Vente aux enchères aura lieu

1º PAR SUITE DU DÉCÈS DE Mᵐᵉ C. DE V.

En vertu d'une ordonnance de M. le Président du Tribunal civil de la Seine

2º APPARTENANT A DIVERS ET VOLONTAIREMENT

HOTEL DROUOT, SALLE Nº 11

Le Mardi 18 Avril 1893, à 2 h. 1/4

Par le Ministère de Mᵉ **EUGÈNE THOUROUDE,** Commissaire Priseur

32, rue Le Peletier, 32

Assisté de **M. A. BLOCHE,** Expert près la Cour d'appel

25, rue de Châteaudun, 25

Chez lesquels on trouve le présent catalogue

EXPOSITIONS PUBLIQUES

LE DIMANCHE 16 AVRIL 1893   **LE LUNDI 17 AVRIL 1893**

DE 2 H. A 5 H. 1/2   DE 1 H. A 5 H. 1/2

CONDITIONS DE LA VENTE

La vente sera faite expressément au comptant.

Les Acquéreurs paieront en sus des adjudications *cinq pour cent*, applicables aux frais de la vente.

L'Exposition mettant le public à même de se rendre compte de l'état des objets, il ne sera admis aucune réclamation une fois l'adjudication prononcée.

Paris. — Imp. de l'Art, E. Menard et Cie, 41, rue de la Victoire.

DÉSIGNATION DES OBJETS

OBJETS D'ART, MOBILIER

1 — Très bel ameublement de salon de l'époque
Louis XV, en tapisserie représentant de gra-
cieuses compositions : scènes champêtres à petits
personnages inspirées de *Boucher*, encadrées de
rocailles, de rinceaux, de guirlandes et de jetées
de fleurs. Bois sculpté du temps, à contours,
avec coquilles et palmes. Composé d'un canapé
et six fauteuils.

Cet ameublement mérite, par sa facture, l'at-
tention des amateurs.

2 — Bel ameublement de salon, premier Empire,
en bois sculpté, rechampi de blanc et rehaussé
d'or, couvert en satin bleu garni de galon tissé
et relevé de mordoré. Il se compose de deux ca-
napés avec cygnes retenant des guirlandes dans
leurs becs, et vingt chaises.

3-4 — Deux consoles premier Empire en bois sculpté
rechampi de blanc et relevé d'or, dessus en
marbre.

5 — Guéridon de même style, dessus en marbre.

6-7 — Deux suspensions à cinq lumières, même style.

8 — Beau lit en acajou, premier Empire, orné de bronzes dorés : figures de Renommées, cheval Pégase et lyres tenues par des griffons.

9 — Secrétaire s'ouvrant à abattant et deux portes, en acajou richement garni de bronzes dorés. Premier Empire.

10 — Commode en acajou, richement garnie de bronzes dorés. Premier Empire.

11 — Table de nuit en acajou garni de cuivre, dessus en marbre. Premier Empire.

12 — Lit en acajou garni de bronzes. Premier Empire.

13 — Bel ameublement de chambre à coucher en bois d'acajou garni de bronzes dorés, époque premier Empire, composé d'un lit forme à bateau avec colonnettes, une table de nuit, une armoire à glaces à deux portes, une toilette psyché avec tiroir servant de bureau, une table à ouvrage, une petite table avec tiroir renfermant le nécessaire-bureau, une commode avec dessus en marbre.

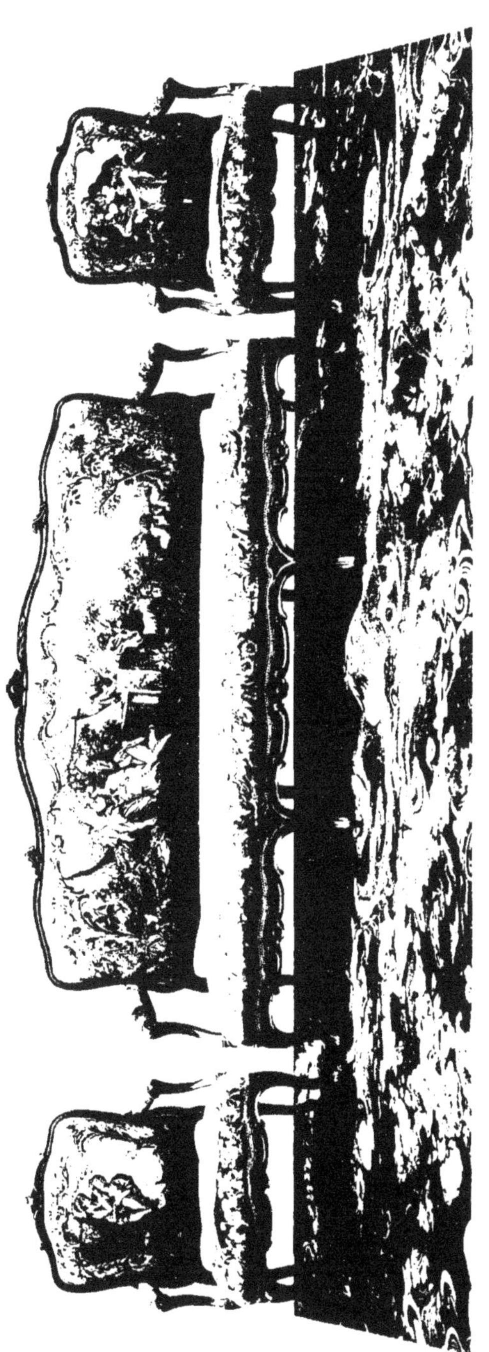

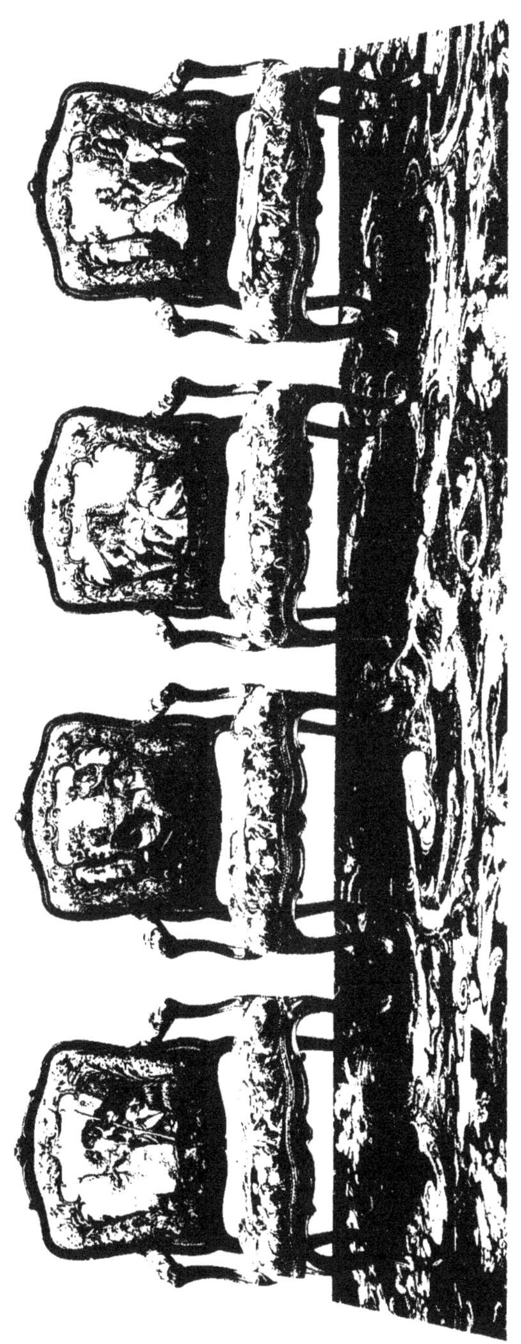

14 — Très belle pendule, premier Empire, en bronze
partie doré, partie patine foncée, formée d'une
cariatide de femme reposant sur un socle et sup-
portant une couronne dans laquelle se trouve le
mouvement. La pendule est couronnée d'un aigle
aux ailes éployées, partie bronzée, partie dorée.

15 — Guéridon premier Empire, à trois pieds, à
figures de satyres en bois sculpté.

16 — Paire de beaux vases premier Empire, de
forme ovoïde, décorés de guirlandes de fleurs
et de frises finement ciselées, dorés sur un fond
bronzé, patine verte.

17 — Paire de candélabres Louis XVI, à figures de
femmes portant bouquets à dix lumières, sur
socles cannelés dorés et bronzés.

18 — Groupe en bronze de deux nymphes symboli-
sant la chasse, dans le goût de Clodion, patine
verte foncée.

19 — Grande coupe portée par trois cariatides
grecques reposant sur un socle doré, style
premier Empire, dorée et bronzée.

20 — Paire d'appliques Louis XVI, à deux lumières
reliées par des guirlandes et des oiseaux en
bronze doré.

21 — Deux chenets formés de lions en bronze, à
belle patine foncée, sur des socles dorés ornés
de frises et d'appliques.

22 — Paire de girandoles Louis XVI, à quatre lumières, en bronze doré.

23 — Encrier Louis XV, à figure d'enfant, en bronze
doré.

24 — Belle tapisserie du xvie siècle : Scène allégo-
rique à petits personnages, avec bordure large à
sujets, figures et ornements.

25 — Portière d'Aubusson : Paysage avec bordure
sur trois côtés.

26 — Beau service de table en porcelaine de Saxe,
décor à bouquets de fleurs composé de cent
pièces environ : soupière, plats de toutes formes,
compotiers, saucières, assiettes plates et creuses.
(Pourra être divisé.)

27 — Garniture de trois pièces du Japon, fond rouge
à personnages.

28 — Brûle-parfums de Satzuma, décor à personnages.

.29 — Théière en porcelaine de céladon, décor fleuri.

30 — Très joli buste en marbre : Jeune Femme drapée. Époque Louis XVI.

31 — Groupe en marbre : Naïade sur un dauphin, socle en bronze. Style Louis XVI.

32 — Paire de grands candélabres formés par des enfants en bronze patine brune, tenant cinq lumières, sur socles en rouge antique, ornés de guirlandes de fleurs et fruits sur bronze doré.

33 — Paire de petits candélabres formés par des vases en marbre brèche à anses, à bouquets de roses à trois lumières. Style Louis XVI.

34 — Deux perroquets en céladon turquoise bleu et violet, monture bronze doré, rocaille.

35 — Deux chimères en céladon flambé, monture bronze doré, rocaille.

36 — Petite table à ouvrage à trois tiroirs, en bois de rose ; dessus en marbre brèche, à galerie en bronze doré.

37 — Grand et beau Christ en ivoire, sur croix, monté dans un cadre en bois sculpté, avec fronton à têtes d'anges. Époque Louis XIV.

38 — Statuette en marbre : l'Enfant à l'oiseau.

39 — Statuette en marbre : l'Enfant au chien.

40 — Buste en marbre : la Femme voilée, de To-
relli. Œuvre originale.

41 — Grande fontaine, forme vase, en ancienne
faïence de Marseille, décor à bouquets de fleurs,
couvercle orné de grappes de raisin.

42 — Paire de jolis vases brûle-parfums en ancienne
porcelaine de Sèvres, pâte tendre fond bleu, à
guirlandes et jetées de fleurs à rehauts d'or.
Monture en bronze doré à rocailles.

43 — Écuelle avec plateau en ancienne porcelaine
de Tournai, décor feuilles de choux, guirlandes
de fleurs et treillages.

44 — Grande tasse trembleuse avec soucoupe et
couvercle en ancienne porcelaine de Sèvres,
décor à médaillons sujets Boucher : Vénus et
l'Amour, et médaillon à trophées, encadrements
et bordures à rocailles rehaussées d'or. Au fond
de la soucoupe le chiffre L.

45 — Petite écuelle en vieux Sèvres, pâte tendre,
décor à guirlandes, jetées et bouquets de fleurs.

46 — Tasse et soucoupe en ancienne porcelaine de
Sèvres, fond vert, médaillons à guirlandes de
fleurs et nœuds de rubans.

47 — Jolie statuette équestre en vieux Saxe : *le
Tailleur de Nuremberg*. A califourchon sur une
chèvre, portant deux chevreaux dans une hotte
et tenant ses ciseaux en l'air.

48 — Deux groupes allégoriques en vieux Saxe :
l'Eau et la Terre.

49 — Neuf figurines : les Amours travestis ; en ancienne porcelaine de Saxe (Sera divisé.)

50 — Figurine en vieux Saxe : le Marchand de pois-
sons.

51 — Deux statuettes équestres de Derby.

52 — Groupe en ancien biscuit : Allégorie au ser-
ment d'amour. Socle en bois sculpté et doré.
Époque Louis XVI.

53 — Éventail du temps de Louis XV, feuille à médaillons mythologiques ; monture en ivoire à
figures, rocailles et oiseaux.

54 — Éventail du temps de Louis XV, feuille à
sujets allégoriques ; monture en ivoire à rehauts
d'or.

55 — Éventail du temps de Louis XVI, feuille à scène champêtre : la Vendange ; monture en nacre et rehauts d'or.

56 — Éventail du temps de Louis XV : scène champêtre ; monture nacre et rehauts d'or.

57 — Cassolette en vieux Japon, décor fleurs et rosaces en bleu, rouge et or ; monture bronze doré. Style Louis XIV.

58 — Petit vase en vieux Chine, famille verte, décor d'arbres en fleurs ; monture bronze doré. Style Louis XVI.

59 — Boite forme coquille en écaille, monture argent. Époque Louis XV.

60 — Boite à mouches en écaille posée d'or et d'argent. Époque Louis XV.

61 — Couteau de poche, manche en nacre ; monture or. Époque Louis XVI.

62 — Couteau de poche, manche en écaille ; monture or. Époque Louis XVI.

63 — Boite à charnière en agate orientale sculptée et finement évidée, monture en cuivre doré. Époque Louis XV.

64 — Petite boite ovale en fer, dessin vannerie.
XVIIIe siècle.

65 — Jolie petite miniature ovale sur ivoire : Portrait
présumé du comte de Provence, montée en
broche ; cadre or.

66 — Petite breloque en ancienne pâte tendre de
Chelsea : Amour attisant le feu.

67 — Petite miniature ovale inspirée de Boucher :
Amours jouant avec des colombes.

68 — Petit groupe en ivoire : Vierge et Enfant. Époque
Louis XIV.

69 — Pièce d'affiquet en buis sculpté offrant en bas-
relief des nymphes et des tritons. XVIe siècle.

70 — Deux figurines en vieux Saxe : Joueur de cor-
nemuse, Bergère et moutons.

71 à 73 — Trois tableaux en faïence.

74 — Vasque en porcelaine de Chine.

75 — Statuette en bronze ancien : Triboulet, d'après
Pigalle.

76 — Deux brûle-parfums en bronze vert.

77 — Grand plat en bronze.

78 — Table-guéridon en bronze doré, ornée de plaques en porcelaine de Tournai.

79 — Table ronde en bois sculpté et doré.

80 — Deux fermoirs anciens enrichis de brillants.

81 — Deux fermoirs anciens en or et émail.

82 — Breloquet en or émaillé ancien, formé d'une tête de mort.

83 — Épingle de cravate ancienne en émail, ornée de brillants.

84 — Croix byzantine en or émaillé.

85 — Épingle de cravate en or et pierre dure.

86 — Épingle de cravate forme de perroquet en or émaillé.

87 — Bonbonnière en or et sardoine Louis XVI.

88 — Châtelaine en or émaillé Louis XVI.

89 — Croix en or et roses.

90 — Broche ornée de rubis et de brillants.

91 — Montre en or émaillé Louis XVI.

92 — Montre en or avec boîte en vernis Martin.

93 — Deux plaques anciennes en or à bords perlés.

94 — Reliquaire en or émaillé.

95 — Broche-barrette en or, enrichie d'un camée dur, de saphirs et de roses.

96 — Reliquaire en or et cristal de roche.

97 — Épinglette en or ornée de deux décorations en rubis, saphirs et roses.

98 — Broche ornée d'émeraudes et de roses anciennes.

99 — Paire de pendeloques en roses Louis XVI.

100 à 102 — Trois bagues en or ornées de roses et intailles.

103 — Bague marquise ornée d'une miniature.

104 — Bague en or formée d'un diamant de table.

105 — Grande cafetière en argent.

106 — Brûle-parfums en argent.

107 — Petit bureau en argent.

108 — Miniature représentant Diane.

109 — Quatre boutons en argent.

110 — Porte-bouquet en argent incrusté de turquoises fines.

111 — Boite en argent incrustée de turquoises fines.

112 — Jardinière en argent.

113 — Petit plat tripode en argent.

114 — Aigrette en pierres fines et perles montées sur cuivre.

TABLEAUX

BOUCHER

(École de)

115 — *Le Galant berger*.

116 — Pendant du précédent.

> Deux dessus de porte.

MIGNARD

117 — *Portrait d'un jeune prince*.

> En riche costume, revêtu d'une cuirasse, il tient à
> la main un bâton de commandement en velours bleu
> fleurdelisé

ÉCOLE FRANÇAISE

(XVIIIᵉ siècle)

118 — *Nature morte*.

> Pièces d'orfèvrerie et fruits.
> Dessus de porte.

ÉCOLE FRANÇAISE

(xviiie siècle)

119 — Lot de huit gravures encadrées.

ÉCOLE FRANÇAISE

120 — *Intérieur de parc avec jet d'eau et groupes de figures.*

ÉCOLE FRANÇAISE

121 — *Portrait de dame.*

En costume Louis XV, robe bleue à corsage décolleté.

ÉCOLE ANCIENNE

122 — *Bacchanale.*